ZONDERkidz | Vida

I Can Read!™ ¡Yo sé leer!™

SHARED READING — My First

The Beginner's Bible®

Queen Esther Helps God's People
La reina Ester ayuda al pueblo de Dios

pictures by Kelly Pulley

ilustrado por Kelly Pulley

Once there was a king
who needed a new queen.

Una vez había un rey que
necesitaba una nueva reina.

4

"Let us find you a new queen," said the king's men.

«Vamos a buscarte una nueva reina», dijeron los hombres del rey.

Esther and Mordecai were cousins.
They lived in the king's land.

Ester y Mardoqueo eran primos.
Vivían en tierras del rey.

They loved God.

Ellos amaban a Dios.

Mordecai said,
"You could be the new queen."

Mardoqueo dijo: «Tú podrías ser
la nueva reina».

So Esther got ready.
And she went to see the king.

Así que Ester se preparó
y fue a ver al rey.

The king liked Esther.
He said, "Will you be my queen?"

Al rey le gustó Ester y dijo:
«¿Quieres ser la reina?».

Esther said, "Yes."

Ester dijo: «Sí».

The king had a helper.
His name was Haman.
He was a mean man.

El rey tenía un ayudante.
Su nombre era Amán.
Pero Amán era un hombre malo.

Esther and her cousin were Jewish.
Haman hated Jewish people.
He did not love God.

Ester y su primo eran judíos.
Amán odiaba al pueblo judío.
Él no amaba a Dios.

Haman had a plan.
He went to the king.

Amán tenía un plan
y fue al rey.

The king did not know
Queen Esther was Jewish.
The king was tricked!

El rey no sabía que la reina
Ester era judía.
¡Amán engañó al rey!

God's people were in danger!
Mordecai heard about the plan.

¡El pueblo de Dios estaba en peligro!
Mardoqueo oyó hablar acerca del plan.

Mordecai went to tell Esther.

Mardoqueo se lo dijo a Ester.

"Esther! Save God's people. Maybe that is why God made you the queen!"

«¡Ester, salva al pueblo de Dios! Tal vez fue por eso que Dios te hizo reina».

Esther needed a plan.

Ester necesitaba un plan.

It would not be easy.
But Esther was brave.
She would help God's people.

No sería fácil.
Pero Ester era valiente
y ayudaría al pueblo de Dios.

Esther made a nice dinner.
She invited the king and Haman.

Ester hizo una comida muy buena.
Ella invitó al rey y a Amán.

The king and Haman were happy.
The king asked, "What can I do for you, Esther?"

El rey y Amán estaban contentos.
El rey preguntó: «¿Qué puedo hacer por ti, Ester?».

"Haman tricked you!
You signed a law," Esther said.

«¡Amán te engañó!
Tú firmaste una nueva ley», dijo Ester.

"It says to get rid of all Jews. I am Jewish!"

«La ley dice que acaben con todos los judíos. ¡Yo soy judía!».

The king was mad!
He did not like to be tricked.

¡El rey estaba bravo!
No le gustaba que lo engañaran.

The king said, "Get Haman!
Arrest him now!"

El rey dijo: «¡Agarren a Amán!
¡Arréstenlo ahora!».

The king made Mordecai
the new helper.

El rey nombró a Mardoqueo su
nuevo ayudante.

The king was happy with Mordecai.
The king was happy with Esther.

El rey estaba contento con Mardoqueo.
El rey estaba contento con Ester.

The Jewish people were saved!

¡El pueblo judío se salvó!

Esther was a hero.

Ester era una heroína.

God used Esther to save his people.

Dios usó a Ester para salvar a su pueblo.

Who knows? It's possible that you
became queen for a time just like this.

—Esther 4:14

¡Quién sabe si no has llegado al trono
precisamente para un momento como éste!

—Ester 4:14, NVI

Zonderkidz

Queen Esther Helps God's People/La reina Ester ayuda al pueblo de Dios
Copyright © 2009 by Mission City Press. All Rights Reserved. All Beginner's Bible copyrights and trademarks (including art, text, characters, etc.) are owned by Mission City Press and licensed by Zondervan of Grand Rapids, Michigan.

Requests for information should be addressed to:

Zonderkidz, Grand Rapids, Michigan 49530

Library of Congress Cataloging-in-Publication Data

Queen Esther helps God's people. Spanish & English
  Queen Esther helps God's people / illustrated by Kelly Pulley = *La reina ester ayuda al pueblo de Dios* / ilustrado por Kelly Pulley. --[Bilingual ed.].
      p. cm. -- (My first I can read! = Mi primer libro! ¡Yo sé leer!)
   ISBN 978-0-310-71888-8 (softcover)
   1. Esther, Queen of Persia--Juvenile literature.   2. Bible. O.T.--Biography--Juvenile literature. 3. Bible stories, English--O.T. Esther. I. Pulle Kelly, ill. II. Title. ill. III. Title: La reina Ester ayuda al pueblo de Dios.
 BS580.E8Q4418 2008
 222'.909505--dc22
                                                                                                          20080155

Art Direction: Jody Langley
Cover Design: Laura Maitner-Mason

Printed in China

15 16 17 /DSC/ 8 7 6 5 4 3

Dear Parent: Your child's love of reading starts here!

Every child learns to read at his or her own speed. You can help your young reader by choosing books that fit his or her ability and interests. Guide your child's spiritual development by reading stories with biblical values. There are I Can Read! books for every stage of reading:

 SHARED READING
Basic language, word repetition, and whimsical illustrations, ideal for sharing with your emergent reader.

 BEGINNING READING
Short sentences, familiar words, and simple concepts for children eager to read on their own.

 READING WITH HELP
Engaging stories, longer sentences, and language play for developing readers.

I Can Read! books have introduced children to the joy of reading since 1957. Featuring award-winning authors and illustrators and a fabulous cast of beloved characters, I Can Read! books set the standard for beginning readers.

Visit www.icanread.com for information on enriching your child's reading experience.
Visit www.zonderkidz.com for more Zonderkidz I Can Read! titles.

Queridos padres: ¡Aquí comienza el amor de sus hijos por la lectura!

Cada niño aprende a leer a su propio ritmo. Usted puede ayudar a su pequeño lector seleccionando libros que estén de acuerdo a sus habilidades e intereses. También puede guiar el desarrollo espiritual de su hijo leyéndole historias con valores bíblicos, como la serie ¡Yo sé leer! publicada por Zonderkidz. Desde los libros que usted lee con sus niños hasta aquellos que ellos o ellas leen solos, hay libros ¡Yo sé leer! para cada etapa del desarrollo de la lectura:

 LECTURA COMPARTIDA
Utiliza un lenguaje básico, la repetición de palabras y curiosas ilustraciones ideales para compartir con su lector emergente.

 LECTURA PARA PRINCIPIANTES
Este nivel presenta oraciones cortas, palabras conocidas y conceptos sencillos para niños entusiasmados por leer por sí mismos.

 LECTURA CONSTRUCTIVA
Describe historias de gran interés para los niños, se utilizan oraciones más largas y juegos de lenguaje para el desarrollo de los lectores.

Desde 1957 los libros **¡Yo sé leer!** han estado introduciendo a los niños al gozo de la lectura. Presentan autores e ilustradores que han sido galardonados como también un reparto de personajes muy queridos. Los libros **¡Yo sé leer!** establecen la norma para los lectores principiantes.

Visite www.icanread.com para obtener información sobre el enriquecimiento de la lectura de su hijo.
Visite www.zonderkidz.com para actualizarse acerca de los títulos de las publicaciones más recientes de la serie ¡Yo sé leer! de Zonderkidz.